W0407646

Internationale Küche

Eine Weltreise mit dem Thermomix

Johanna Sommer

Einleitung

Starten Sie Ihre kulinarische Weltreise mit dem Thermomix! Reisen und Kochen sind zwei meiner großen Leidenschaften. Vor einigen Jahren habe ich den Thermomix entdeckt und habe begonnen damit die Nationalspeisen meiner Lieblingsreiseorte nachzukochen. So macht die Internationale Küche nicht nur im Urlaub, sondern auch in den eigenen vier Wänden viel Spaß!

In diesem Buch habe ich für Sie meine Favoriten zusammengestellt. Aus verschiedenen Regionen habe ich Vorspeisen, Hauptgerichte oder Desserts für Sie ausgesucht: Von der typischen mexikanischen Guacamole zum thailändischen Nationalgericht Phad Thai, vom indischen Chicken Tikka Masala zum amerikanischen Burger. Sie können die Gerichte natürlich einzeln verwenden oder aber z.B. einen Länderabend veranstalten. Alle Rezepte sind sowohl für den TM5 als auch für den TM31. Meiner Familie und insbesondere meinen Kindern schmecken diese Gerichte wunderbar. Genießen Sie ein originelles Kochbuch das einfach Spaß macht!

Mexikanische Küche

Die mexikanische Küche ist ein Fest für die Sinne: farbenfroh und voller interessanter Kontraste. Außergewöhnlich ist die Kombination aztekischer Traditionen und neuerer spanischer Einflüsse.

US-Amerikanische Küche

Die ethnische Vielfalt der USA bestimmt die Vielfalt ihrer Küche: Sie ist ein Schmelztiegel der verschiedensten

Kochkulturen. Als typisch amerikanisch gelten bei uns allerdings Gerichte wie Burger, Donuts oder American Pie.

Indische Küche

Die indische Küche erfreut sich immer größerer Beliebtheit – und das aus gutem Grund: Kein anderes Land bietet eine so große Bandbreite an vegetarischen Gerichten. Aber auch alle anderen Gerichte werden dank raffinierter Gewürze zu einem echten Geschmacksfeuerwerk. Genießen Sie Indiens vielseitige Küche.

Thailändische Küche

Die thailändische Küche vereinbart Einflüsse aus China, Indien und Indonesien, behält dabei aber einen eigenständigen Charakter. Das macht ihren Reiz aus und auch bei uns ist die Küche Thailands sehr beliebt.

Italienische Küche

Antipasti, Rezepte mit Fisch und Fleisch, Pasta, Pizza, duftende Ciabatta und mehr – die italienische Küche bietet unzählige Genussmomente. Holen Sie sich diese Gaumenfreuden mit unseren Rezepten nach Hause.

Orientalische Küche

Lamm, Linsen, Kichererbsen, Couscous, Joghurt und Minze gehören zu den typischen Zutaten, die in der orientalischen Küche verwendet werden. Sie werden mit duftenden Gewürzen und Kräutern kombiniert, so dass jedes Gericht wunderbar aromatisch schmeckt.

Mexiko

Guacamole

ZUTATEN

1 Portion

- 1 Stück Avocado (reif)
- 2 Stück Frühlingszwiebeln
- 1/2 Stück Limette oder Zitrone
- 1 Prise Kreuzkümmel
- Salz, Pfeffer
- 5 Stück Cherrytomaten halbiert
- 1 Stück Chilischote grün

ZUBEREITUNG

- Frühlingszwiebeln waschen und in kleine Röllchen schneiden.
- Chilischote halbieren, die Kerne entfernen und in Streifen schneiden.
- Die reife Avocado mit einem Löffel auskratzen.
- Avocado-Fruchtfleisch, die Frühlingszwiebeln und die Chilistreifen dazu geben.
- 15 Sekunden auf Stufe 3 vermengen.
- Saft von der halben Limette und Kreuzkümmel dazugeben und je nach Geschmack Salz, Pfeffer in den Mixtopf geben.
- Tomaten waschen, in kleine Würfel schneiden und ebenfalls in den Mixtopf geben.
- Alles 15 Sekunden auf Linkslauf 2 vermengen.

Sangrita Picante

ZUTATEN

Portion 900 g

- 500 g passierte Tomaten
- 400 g Orangensaft
- 1 TL Salz
- 1 TL Worcester Sauce
- 1 TL Tabasco rot
- 1 Prise Weiße Pfeffer
- Saft einer Zitrone

ZUBEREITUNG

- Alle Zutaten im Mixtopf 40 Sekunden / Stufe 3 zerkleinern
- Gekühlt genießen oder auf Eiswürfeln.

Mexikanischer Eintopf

ZUTATEN

6 Portionen

- 1 rote Paprika
- 1 grüne Paprika
- 1 Dose geschälte Tomaten
- 2 Dosen Kidneybohnen
- 2 Cabanossi-Würstchen
- 1 Zwiebel
- 125 g gewürfelter Speck
- 2 Brühwürfel
- 250 g Wasser
- 125 g Chilisoße
- Öl
- Salz
- Pfeffer

ZUBEREITUNG

- Paprika waschen, grob würfeln und in den Mixtopf geben.
- 5 Sekunden / Stufe 5 zerkleinern und umfüllen.
- Zwiebel schälen und vierteln.
- In den Mixtopf geben und 5 Sekunden / Stufe 5 zerkleinern.
- Etwas Öl und den gewürfelten Speck zufügen, 5 Minuten / 120°C / Linkslauf / Stufe 1 dünsten.
- Mit dem Spatel nach unten schieben.
- Paprika zufügen und 5 Minuten / 90°C / Linkslauf / Stufe 1 garen.
- Das Wasser und die Brühwürfel zufügen
- 5 Minuten / 90°C / Linkslauf / Stufe 1 garen.
- Tomaten zufügen und weitere 15 Minuten / 90°C / Linkslauf / Stufe 1 garen.
- Nach ca. 10 Minuten Messbecher entnehmen

- Durch die Deckelöffnung langsam nacheinander die Kidneybohnen, Chilisoße und die in Scheiben geschnittenen Würstchen zugeben.
- Die Geschwindigkeit auf Stufe 2 erhöhen (Spritzgefahr)
- Mit Salz und Pfeffer abschmecken.

Mexikanische Salsa

ZUTATEN

8 Portionen

- 2 Stück Fleischtomaten
- 1 Stück Zwiebel
- 4 Stück Knoblauchzehen
- 15 g Koriandergrün
- 2 TL Limettensaft / Zitronensaft
- 1 TL Meersalz od. Salz
- 0,5 TL Pfeffer
- 1 Prise Chili

ZUBEREITUNG

- Tomaten vierteln
- Alle Zutaten gewaschen in den Mixtopf
- 10 Sekunden/Stufe 6

Mexikanisches Chili

ZUTATEN

6 Portionen

- 2 Stück Zwiebeln
- 1 Stück Knoblauchzehe
- 500 g Hackfleisch gemischt
- 2 EL Tomatenmark
- 2 Dosen stückige Tomaten, a 400 g
- 1 Dose Mais
- 1 Dose Kidneybohnen
- 1 EL Kreuzkümmelsamen
- 1 TL Koriandersamen
- 2 TL Salz
- Pfeffer & Chili
- 20 g Öl zum Anbraten

ZUBEREITUNG

- Zwiebeln und Knoblauch in den Mixtopf geben
- 3 Sekunden / Stufe 5 kleinhacken
- 20 g Öl hinzufügen und 3 Minuten/ Varoma / Stufe 1 andünsten
- Hack zufügen und weitere 5 Minuten / 100°C / Stufe 1 / Linkslauf anbraten
- Tomatenmark durch die Deckelöffnung geben und weitere 2 Minuten/100°C/Stufe 1 /Linkslauf anrösten.
- Die stückigen Tomaten zusammen mit den Gewürzen in den Topf geben
- Alles 20 Minuten / 100°C / Stufe 1 / Linkslauf köcheln.
- Kurz vor Schluss die Bohnen und den Mais hinzugeben und mitkochen.

Mexikanischer Hack-Reis Mix

ZUTATEN

4 Personen

- 2 Dosen Champions
- 1 Dose Mais
- 1 Dose Kidneybohnen
- 500 g Hackfleisch, gemischt
- 3 Stück rote Paprikaschoten, in Würfel schneiden
- 300 g Weißkohl, in feine Streifen schneiden
- 1 Stück Zwiebel
- 200 g Reis
- 1 Dose passierte Tomaten
- 1 Liter Brühe
- 1 EL Speisestärke
- 15 g Öl
- Salz, Pfeffer, Paprikapulver, Tabasco

ZUBEREITUNG

- Zwiebel schälen und 3 Sekunden / Stufe 5 zerkleinern.
- Öl und Hackfleisch dazu geben. 6 Minuten / 100°C / Stufe 2 garen. Danach umfüllen.
- Die Brühe in den Mixtopf geben und den Reis in den Gareinsatz.
- Champignons, Mais, Kidneybohnen, Paprika, Weißkraut und Hackfleisch in den Varoma geben und Paprikapulver darüber streuen.
- Varoma aufsetzen und alles zusammen 30 Minuten / Varoma / Stufe 2 garen.
- Danach Inhalt aus dem Varoma mit dem Reis mischen.
- 400 g Garflüssigkeit auffangen, die passierten Tomaten, Speisestärke und Salz, Pfeffer, Paprikapulver und Tabasco hinzufügen.

- Alles noch einmal 2 Minuten/ 100°C / Stufe 4 verrühren.
- Die Sauce über den Reis-Mix geben.

USA

New York Cheese Cake

ZUTATEN

12 Portionen
Boden

- 125 g Vollkornbutterkekse
- 80 g Butter

Belag

- 625 g Frischkäse
- 150 g Zucker
- 3 Eier
- 1 Bio-Zitrone
- 125 g saure Sahne

ZUBEREITUNG

Vorbereitung

- Den Rand einer Springform fetten und den Boden mit Backpapier bespannen.
- Ofen auf 130°C vorheizen.

Boden

- Vollkornkekse in den Mixtopf geben und 5 Sekunden/Stufe 5 zerkleinern.
- Butter hinzugeben und min. 30 Sekunden/50°C/Stufe 3 vermischen.
- Den Boden in die Springform geben, mit dem Spatel andrücken und bei 130°C 12 Minuten backen.

Belag

- Frischkäse und Zucker in den Mixtopf geben und 30 Sekunden/Stufe 3 vermischen.
- Eier, Saure Sahne und Schale und Saft einer Zitrone hinzugeben, Rühraufsatz einsetzen und 30 Sekunden/Stufe 5 leicht cremig schlagen.

- Belag auf den Boden geben und 1 Stunde bei 130°C backen.

Anrichten

- Kuchen ca. 10 Minuten auskühlen lassen.
- Aus der Form hinaus holen und mindestens 1 Stunde in den Kühlschrank geben.
- Servieren

Pancakes

ZUTATEN

12 Stück

- 50 g Butter
- 300 g Milch
- 2 Eier
- 30 g Zucker
- 200 g Mehl
- 1 geh. EL Backpulver (15g)
- 1/2 geh. TL Salz

ZUBEREITUNG

- Butter in den Mixtopf geben und 2 Minuten/70°C/Stufe 1 schmelzen.
- Milch, Eier, Zucker, Mehl, Backpulver und Salz zugeben und 10 Sekunden/Stufe 5 verrühren.
- Zum Backen der Pancakes 1/2 TL Butter in der Bratpfanne bei mittlerer Hitze auf dem Herd erwärmen.
- Für jeden Pancake eine Saucenkelle Teig in die Pfanne geben.
- Ca. 2 Minuten backen, bis Blasen an der Pancake-Oberfläche aufplatzen.
- Pancake auf eine Servierplatte geben und warm halten.
- Mit dem restlichen Teig genauso verfahren.
- Heiß servieren.

Amerikaner

ZUTATEN

12 Stück

Teig

- 1/4 Zitrone, unbehandelt, Schale dünn abgeschält
- 100 g Zucker
- 100 g Butter, weich, in Stücken
- 10 g Vanillezucker, selbstgemacht
- 2 Eier
- 45 g Milch
- 200 g Mehl
- 50 g Speisestärke
- 2 TL Backpulver

Guss

- 200 g Puderzucker
- 30 g Wasser

ZUBEREITUNG

Teig

- Backofen auf 180 °C vorheizen. Zwei Backbleche mit Backpapier belegen.
- Zitronenschale in den Mixtopf geben, 5 Sekunden/Stufe 8 zerkleinern und mit dem Spatel nach unten schieben.
- Zucker zugeben, 15 Sekunden/Stufe 10 pulverisieren
- Mit dem Spatel nach unten schieben.
- Butter, Vanillezucker zugeben und 1 Minuten/Stufe 3 verrühren.
- Eier, Milch, Mehl, Speisestärke und Backpulver zugeben und 20 Sekunden/Stufe 4 verrühren.
- Mit zwei Esslöffeln auf jedes Backblech sechs kleine Teighaufen setzen. Abstand lassen.
- Amerikaner 15 Minuten goldgelb backen und auskühlen lassen.
- Mit dem Guss bestreichen.

Guss

- Puderzucker und Wasser in den Mixtopf geben
- 15 Sekunden/Stufe 3 verrühren
- Die flache Seite des Amerikaners mit dem Guss überziehen und trocknen lassen.

Erdnussbutter

ZUTATEN

1 Glas

- 230 g Erdnüsse, ungesalzen
- 1 EL Erdnussöl
- 1 Prise Salz
- 1 EL Honig

ZUBEREITUNG

- Alle Zutaten in den Mixtopf geben
- 1 1/2 Minuten / Stufe 8
- Danach mit dem Spatel herunterschieben
- 1 Minute / Stufe 4 cremig rühren
- Abfüllen

Cookies

ZUTATEN

18 Portionen

- 280 g Mehl
- 230 g Butter
- 100 g Rohrzucker, braun
- 130 g Zucker
- 2 Eier
- 1 gestr. TL Natron
- 1/2 gestr. TL Salz
- 1 Päckchen Vanillinzucker
- 100 g Vollmilchschokolade in Stücken
- 100 g Zartbitterschokolade in Stücken

ZUBEREITUNG

- Die Butter mit den Eiern und den beiden Zuckersorten ca. 1 1/2 Minuten auf Stufe 5 schaumig rühren.
- Mehl, Natron, Salz und Vanillezucker zugeben.
- 5 Sekunden / Stufe 4 unterrühren.
- Die Schokoladenstückchen mit dem Linkslauf untermischen, so dass ein zäher und fester Teig entsteht.
- Den Ofen auf 190 °C Heißluft vorheizen.
- Teig mit einem Esslöffel auf ein Backblech geben: Maximal 6 Klekse pro Blech, mit großem Abstand - Die Cookies laufen extrem auseinander.
- Für 10 Minuten backen

Lolly Pop Cakes

ZUTATEN

50 Stück
Teig

- 150 g Butter
- 150 g Zucker
- 1 Pck. Vanillezucker
- 2 Eier
- 1 Prise Salz
- 300 g Mehl
- 2 TL Backpulver
- 250 g Milch
- Multibäcker
- Stiele

Glasur

- 100 g Zucker
- 2 EL Zitronensaft
- bunte Streusel o. Krokant

ZUBEREITUNG

Teig

- Butter, Zucker und Eier im Mixtopf 20 Sekunden/Stufe 4 schaumig rühren.
- Restliche Zutaten 1 Minuten/Stufe 3 unterrühren
- Teig 15 Minuten ruhen lassen
- Mit dem Multibäcker 8 Minuten ausbacken.

Glasur

- Zucker in den Mixtopf geben und 20 Sekunden / Stufe 10 pulverisieren
- Mit Zitronensaft vermischen, 20 Sekunden / Stufe 2

Anrichten

- Stiele in die Pop Cakes stecken und mit Glasur garnieren.

Donuts

ZUTATEN

15 Stück

Teig

- 2 Pck. Trockenhefe
- 50 g Wasser
- 1 TL Zucker
- 750 g Mehl
- 120 g Zucker
- 1 Pck. Vanillezucker
- 1 TL Salz
- 0,300 Liter Milch, Lauwarm
- 75 g Butter
- 2 Stück Eier

Frittieren

- Sonnenblumenöl, ca. 500 ml

Verzieren

- Schokolade, Weiß und Vollmilch
- Bunte Streusel

ZUBEREITUNG

- Trockenhefe, Wasser und 1 TL Zucker in den Mixtopf und 2 Minuten/37 °C/ Stufe 2.
- Milch, Zucker und Eier in den Mixtopf und 30 Sekunden/ Stufe 2.
- Die restlichen Zutaten dazugeben und 10 Minuten/Linkslauf/Teigstufe.
- Teig in ein anderes Gefäß geben und 1 Stunde an einer Warmen stelle ruhen lassen.
- Den aufgegangenen Teig auf eine mehlbestäubte Fläche in 15 mittelgroße Bälle trennen.
- Die Bälle in der Mitte platt drücken, so dass eine Donut-Form entsteht: Kreisrund (ca. 7 cm Durchmesser) und 1 cm hoch.
- Teig wieder 1 Stunde ruhen lassen.

- Öl in einen tiefen breiten Topf geben
- Bei mittlere Hitze die Donuts frittieren. Je Seite ca. 2 Minuten
- Auf einem Gitter abkühlen lassen.
- Wenn die Donuts ausgekühlt sind beliebig verzieren.

Cheese Burger

ZUTATEN

6 Portionen

Fleisch

- 400 g Rinderhack
- 200 g Schweinehack
- 1 Zwiebel
- 2 Knoblauchzehen
- 1 Bund Petersilie
- 2 EL Olivenöl
- 1 altbackenes Brötchen
- 2 TL Senf
- 2 TL Paprika, edelsüß
- 1/2 TL Oregano
- Salz & Pfeffer, nach Geschmack

Hamburger-Sauce

- 100 g Schmand
- 100 g Majo
- 10g g Tomaten-Ketchup
- 1 TL Senf
- 1 TL Whiskey
- 1 TL Cola
- 1 Zwiebel, geviertelt
- 2 Gewürzgurken
- 1 rote Chilischote, entkernt
- 1 TL Apfelessig
- 1 TL Zucker
- 1 TL Paprika, edelsüß
- Salz, nach Geschmack
- Pfeffer, nach Geschmack

Nach Wahl

- 6 Hamburgerbrötchen
- 6 Scheiben Bacon, kross gebraten
- 6 Scheiben Cheddar
- 1 rote Zwiebel, in Ringe geschnitten

- 1 Gewürzgurke, in Scheiben geschnitten
- 1 Tomate, in Scheiben geschnitten
- 1 Salatkopf nach Wahl, in Streifen geschnitten
- Senf, Majo, KetchUp, nach Geschmack

ZUBEREITUNG

Fleisch

- Brötchen in etwas lauwarmen Wasser einweichen, dann gut ausdrücken.
- Zwiebel und Knoblauch in den geben: 3 Sekunden/Stufe 5.
- Öl zufügen und 3 Minuten/100°C/Stufe 2 dünsten. Etwas abkühlen lassen.
- Ausgedrücktes Brötchen, Ei, Salz, Pfeffer und Hackfleisch zugeben und 50 Sekunden/Linkslauf vermischen.
- 6 Hamburger-Patties formen, flachdrücken, Mixtopf säubern.
- Paprika entkernen und in mundgerechte Stücke schneiden.

Sauce

- Zwiebel, Gewürzgurken und Chilischote auf Stufe 5 Sekunden / Stufe 5 zerkleinern.
- Mit dem Spatel nach unten schieben.
- Restliche Zutaten dazu geben.
- 8 Sekunden/Stufe 3 mixen, dann 15 Sekunden/Stufe 6 pürieren.

Bacon-Cheese-Burger

- Bacon kross anbraten, herausnehmen, ggf. etwas Fett abschöpfen.
- Im verbleibenden Fett Fleisch von beiden Seiten anbraten, herausnehmen.
- Brötchen toasten.
- Brötchen mit Sauce bestreichen, Fleisch und Käse darauf geben.
- Wahlweise mit den anderen Zutaten fertigstellen, z.B. Zwiebelringe, Tomatenscheiben und Salat hinzufügen.

Burger Buns

ZUTATEN

16 Portionen

- 100 g Wasser
- 3 EL Milch
- 15 g Zucker
- 1/2 Würfel Hefe
- 1 Prise Salz
- 40 g Butter, geschmolzen
- 250 g Mehl Typ 550
- 1 Ei
- 1 TL Sesam

ZUBEREITUNG

- Wasser, 2 EL Milch und den Zucker in den Mixtopf geben.
- Die Hefe hineinbröseln und 1 Minute/37°C/Stufe 2 mixen.
- ca. 5 Minuten gehen lassen.
- Das Ei verquirlen (nicht im Thermomix).
- Die Hälfte davon sowie Salz, Butter und Mehl in den Mixtopf und 2 Minuten/Teigstufe kneten.
- Mit einem sauberen Küchentuch abdecken und eine Stunde gehen lassen.
- Teig noch einmal 1 Minute/Teigstufe kneten.
- Daraus 6 gleich große Kugeln formen.
- Jede auf einem mit Backpapier ausgelegtem Blech zu Fladen pressen.
- Diese 1 Stunde gehen lassen (nicht wieder abdecken).
- Den Backofen auf 200°C vorheizen.
- Die zweite Hälfte des verquirlten Eies mit 1 EL Milch mischen
- Die aufgegangenen Buns damit bestreichen.
- Den Sesam darüber streuen.

- Die Burger-Brötchen auf mittlerer Schiene 20 Minuten (200°C) backen, bis sie eine goldbraune Farbe haben.
- Auf einem Gitter gut auskühlen lassen.

Indien

Naan

ZUTATEN

16 Portionen

- 7 Zehen Knoblauch
- 500 g Mehl
- 240 g Wasser
- 60 g Öl
- 1/2 TL Salz

ZUBEREITUNG

- Knoblauch Zehen in den Mixtopf geben.
- 4 Sekunden/Stufe 8 zerkleinern.
- Alle Zutaten in den Mixtopf geben
- 1 1/2 Minuten/Mixtopf/Teigstufe mischen.
- Arbeitsfläche bemehlen.
- Zu einer Kugel formen und ca. 15 Minuten abgedeckt ruhen lassen.
- Teig in 16 gleichgroße Kugeln formen.
- Jede Kugel zu einem ca. 15 cm runden Fladen ausrollen.
- In einer beschichteten Pfanne ohne Fett von beiden Seiten bräunen

Paneer-Grundrezept

ZUTATEN

300 g

- 2 Liter Vollmilch
- 50 g Zitronensaft

ZUBEREITUNG

- Die Milch im Mixtopf 20 Minuten/90°C/Stufe 2 erhitzen.
- Anschließend den Zitronensaft einlaufen lassen.
- 1 Minute/Stufe 2 vermixen.
- Den Inhalt des Mixtopfes in eine Schüssel umfüllen.
- Den Garkorb einhängen und ein angefeuchtetes Tuch hineinlegen, so dass die Tuchenden an den Seiten überhängen.
- Die Milch langsam hineingießen.
- Die Molke läuft unten ab, die Käsemasse sammelt sich im Tuch.
- Die Masse 30 Minuten abkühlen lassen.
- Die Tuchenden hochnehmen und zusammendrehen, aber im Garkorb lassen.
- Auf die Käsemasse im Tuch einen kleinen Teller darauflegen und beschweren, um weitere Flüssigkeit aus der Käsemasse herauszudrücken
- Nach ca. 1 Std. in ein passendes Gefäß füllen und über Nacht in den Kühlschrank stellen.
- Dann nach Rezept weiter verwenden.

Kaddoo Saag

ZUTATEN

4 Portionen
Gemüse:

- 300 g Blattspinat
- 400 g Kürbisfruchtfleisch, in Würfeln
- 500 g Wasser
- 2 EL Gemüsebrühe

Sauce:

- 1 Stück Ingwer (4 cm)
- 2 Stück Knoblauchzehen
- 2 Stück grüne Chilischoten, entkernt
- 20 g Öl
- 2 EL Zitronensaft
- 1/2 TL Bockshornkleesamen, ganz
- 1/2 TL Kurkuma
- 1 TL Kreuzkümmel, ganz
- 1 EL Koriander, gem.
- 1/2 TL Asafoetida
- 2 EL brauner Zucker
- 200 g Kokosmilch
- Salz
- Chilipulver

ZUBEREITUNG

Gemüse:

- Spinat in den Varoma geben, Kürbiswürfel in den Garkorb, Wasser mit Gemüsebrühe in den Mixtopf.
- 15 Minuten/Varoma/Stufe 1 garen.
- Varoma und Garkorb entnehmen. Garsud ausschütten und aufheben.

Sauce:

- Ingwer, Knoblauch und Chilis 7 Sekunden/Stufe 5 zerkleinern.
- Öl zugeben und 2Minuten/Varoma/Stufe 1 anbraten.
- Restl. Saucenzutaten bis einschl. Jaggery zugeben und 4 Minuten/Varona/Stufe1 braten.
- Kürbiswürfel, 200 g vom Garsud und die Kokosmilch zugeben und 5 Minuten/100°C/Stufe 1 kochen.
- Spinat zugeben und mit dem Spatel mischen.
- Abschmecken.

Aloo Gobi

ZUTATEN

4 Portionen

- 1 Stück kleiner Blumenkohl, in groben Stücken
- 1 Stück Zwiebel, gehackt
- 1 Esslöffel Öl
- 5 Stück mittelgroße Kartoffeln, in kleineren Würfeln
- 1 400g gehackte Tomaten
- 1 gehäufter Teelöffel Kreuzkümmelsamen zerstoßen
- 1 gehäufter Teelöffel Koriandersamen zerstoßen
- 1 gehäufter Teelöffel Curcuma Pulver
- 1 gehäufter Teelöffel Curry
- 1 gehäufter Teelöffel Garam Masala
- 1 gestrichener Teelöffel Salz
- 2 gehäufte Teelöffel Gemüsegrundstock
- 1 Bund Koriander, gehackt

ZUBEREITUNG

- Den Blumenkohl in den Mixtopf, 3 Sekunden / Stufe 3 zerkleinern.
- Öl und Zwiebeln in den Mixtopf.
- 2 Minuten / Linkslauf / Varoma-Stufe garen.
- Gewürze (außer Gemüsegrundstock) hinzufügen
- 3 Minuten / Linkslauf / Varoma-Stufe weitergaren
- Tomaten hinzufügen und 3 Minuten bei 100°C/Linkslauf/Sanftrührstufe garen.
- Garkorb als Spritzschutz auf den Deckel legen.
- Nach und nach die gewürfelten Kartoffeln hinzufügen.
- Gemüsegrundstock dazugeben.
- Wenn alle Kartoffeln im Mixtopf sind, 15 Minuten bei 100°C/Linkslauf/Sanftrührstufe garen
- Garkorb als Spritzschutz auf den Deckel
- Zerkleinerten Blumenkohl und Korianderstängel hinzufügen

- Weitere 15 Minuten bei 100°C Linkslauf/Sanftrührstufe garen.
- Am Schluss zerkleinerte Korianderblätter hinzufügen, abschmecken und servieren

Chicken Tikka Masala

ZUTATEN

4 Portionen
Marinade

- 200 g Joghurt, griech. Art
- 2 EL Zitronensaft
- 2 TL Kreuzkümmel, gemahlen
- 1 TL Paprika edelsüß
- 1 TL schwarzer Pfeffer
- 1/2 TL Zimt
- 1 TL Salz
- 1 TL Ingwer-Paste

Fleisch und Sauce

- 3 große Hähnchenbrustfilets, in Würfel geschnitten
- 1 Dose (klein) Pizzatomaten
- 1 Dose (klein) Kokosmilch, ungesüßt
- 2 EL Butter
- 2 TL Tomatenmark
- 1 TL Knoblauch-Paste**
- 2,5 TL Garam-Masala, gemahlen
- 1 TL Paprika edelsüß
- 1 TL Petersilie, getrocknet
- 1/2 TL Pfeffer
- 1-2 TL Zucker
- Koriander

ZUBEREITUNG

Marinade

- Die Zutaten für die Marinade in den Mixtopf.
- 40 Sekunden/Stufe 3 mischen.
- Hähnchenfleisch in eine verschließbare Schüssel geben
- Mit der Marinade begießen, umrühren und mindestens 90 Minuten darin marinieren

Sauce

- Alle Zutaten für die Sauce in den Mixtopf geben.
- 15 Sekunden/Stufe 4 vermengen.
- Fleisch inkl. Marinade zugeben.
- 20 Minuten/100°C/Linkslauf/Sanftrührstufe kochen, mit Salz, Pfeffer und Zucker abschmecken.
- Dazu Reis oder Brot servieren.

Tomaten Chutney

ZUTATEN

2 Gläser

- 50 g Öl
- 2 EL braune Senfkörner
- 1/2 TL Kreuzkümmel, ganz
- 1-2 Stück grüne Chilischoten, ggf. entkernt
- 2 Stück Knoblauchzehen
- 1/2 TL Kurkuma
- 1 Prise Chilipulver
- 500 g Tomaten, in groben Stücken,
- 1 TL Salz

ZUBEREITUNG

- Öl 2 Minuten /Varoma / Stufe 1 erhitzen.
- Senfsaat und Kreuzkümmel zugeben und 2 Minuten/Varoma/Stufe1 braten.
- Knoblauch und Chilischoten zugeben und 7 Sekunden/Stufe 5 hacken.
- Restl. Gewürze Tomaten und Salz zugeben 10 Minuten/100°C/Stufe 3 kochen.
- Abschmecken und vor dem Servieren mind. 1 Std. durchziehen lassen
- Heiß in zwei saubere Schraubgläser füllen, verschließen und auf dem Kopf stehend abkühlen lassen.

Samosas

ZUTATEN

15 Stück
Samosateig:

- 310 g Mehl
- 50 g Öl
- 1 gestr. TL Salz
- 150 g heißes Wasser

Füllung:

- 1 TL Kreuzkümmel, ganz
- 1/2 TL Koriander, ganz
- 1 Stück grüne Chilischote, ggf. entkernt
- 1 Stück Ingwer, 3 cm
- 500 g Wasser
- 1 gestr. TL Salz
- 300 g Kartoffeln, in kleinen Stücken
- 100 g TK Erbsen
- 1 Stück Zwiebel, geviertelt
- 30 g Öl
- 20 g Zitronensaft
- 1 gestr. TL Salz
- 1/4 TL Kurkuma
- 1/2 TL Garam Masala
- 2 EL geh. Korianderblätter

Sonstiges:

- Öl zum Frittieren

ZUBEREITUNG

Füllung:

- Kreuzkümmel und Koriander 5 Minuten/Varoma/Stufe 2 rösten, dann 30 Sekunden/Stufe 8 mahlen.
- Chilischote, in Stücken und Ingwer zugeben, 7 Sekunden/Stufe 5 hacken, umfüllen und beiseite stellen.

- Wasser und Salz in den Mixtopf, Kartoffelstücke (ca. 2 cm Würfel) im Garkorb einhängen.
- 10 Minuten/Varoma/Stufe1 garen.
- Garkorb entnehmen, die Erbsen ins Garwasser geben und 2 Minuten/100 C/Stufe 1 garen,
- Durch ein Sieb abseihen und mit kaltem Wasser abbrausen, beiseite stellen.
- Die Zwiebel 5 Sekunden/Stufe 5 hacken, mit dem Spatel herunterschieben, Öl dazuwiegen.
- 5 Minuten/Varoma/Stufe.1 anbraten.
- Zitronensaft, die zuvor zubereitete Chili-Ingwer-Gewürzmischung, Salz, Kurkuma, Garam Masala und Kartoffeln zugeben.
- 2 Minuten/ 100°C /Stufe 2 schmoren.
- Umfüllen, Erbsen und Koriander unterheben, beiseite stellen zum Abkühlen.

Samosa-Teig:

- Mehl, Öl und Salz 20 Sekunden / Stufe 4 verrühren.
- Heißes Wasser zugeben und 2 Minuten / Teigstufe rühren.
- Teig aus dem Mixtopf nehmen und in 15 Teile teilen.
- Jedes Stück zu einer kleinen länglichen Rolle formen und ausrollen, so dass ein Streifen von ca. 24 cm Länge und ca. 8 cm Breite entsteht.
- Den Teigstreifen einmal vom Untergrund abheben und dann füllen und falten:
- Einen kleinen Tl. Füllung an eine Schmalseite setzen und dann über der Füllung zum Dreieck falten
- Immer wieder und jeweils zur Längskante hin, so werden nach und nach alle Kanten verschlossen.
- Wenn alle Samosas fertig gefalten sind, das Frittier-Öl in einem kleinen hohen Topf einfüllen und erhitzen
- Dann die Samosas vorsichtig mit einem Schaumlöffel hineingleiten lassen
- Ein paar Minuten frittieren, bis sie goldbraun sind, dabei ein bis zweimal wenden.
- Mit dem Schaumlöffel herausnehmen und abtropfen lassen.

Indisches Hühnchen

ZUTATEN

4 Portionen

- 1/2 Stück Chilischote
- 20 g Ingwer
- 3 Zehen Knoblauch
- 4 Stück Zwiebeln, rot
- 300 g Zucchini, in Würfeln
- 500 g Hähnchenbrustfilet, in Würfeln
- 40 g Öl
- 2 Stück Lorbeerblätter
- 1 TL Currypulver
- 1 TL Kurkuma
- 1 TL Cayennepfeffer
- 200 g Sahne
- 200 g Schmand
- 5 Esslöffel Kokosmilch
- 1 TL Salz
- 1 Würfel Hühnerbrühe

ZUBEREITUNG

- Chili, Ingwer und Knoblauch in den Mixtopf geben und 2 Sekunden/Stufe 8 zerkleinern.
- Zwiebeln und Öl zugeben, 5 Sekunden/Stufe 5 zerkleinern und mit dem Spatel nach unten schieben.
- Lorbeerblätter, Currypulver, Kurkuma und Cayennepfeffer zugeben.
- 3 Minuten/Varoma/ Stufe 1 dünsten.
- Hühnchen- und Zucchiniwürfel, Sahne, Schmand, Kokosmilch, Salz und den Würfel Hühnerbrühe zugeben.
- 15 Minuten /100°C/Linkslauf/ Sanftrührstufe garen.

Indisches Lamm

ZUTATEN

- 1 EL Butterschmalz
- 1 Zwiebel
- 200 g Naturjoghurt
- 3 Zehen Knoblauch
- 2 Dosen Tomaten
- 1 Stück Lammkeule, ca. 1 kg Fleisch
- 1 Glas Lamm Fond, 400 ml

Gewürze:

- 1 Teelöffel Kardamom, Curcuma, Ingwer, Salz, Chili
- 1 Prise Nelken gem.
- 1/2 Esslöffel Garam Masala

ZUBEREITUNG

- Zwiebel und Knoblauch in den Mixtopf geben und 5 Sekunden/Stufe 5 mixen
- Butterschmalz dazu geben und 2 Minuten/100°C auf Linkslauf andünsten.
- Anschließend alle restlichen Zutaten außer das Lamm und Garam Masala hinzugeben
- Auf 100°C / 60 Minuten Linkslauf stellen und anschalten.
- Lammfleisch vom Knochen lösen und in Gulaschgroße Stücke schneiden.
- Durch die Öffnung in den TM in die Soße fallen lassen.
- Anschließen nur noch das Garkörbchen als Spritzschutz aufsetzten.
- Nach den 60 Minuten das Garam Masala in den Topf geben und kurz auf Linkslauf einrühren.
- Mit Reis oder Naan servieren

Butter Chicken

ZUTATEN

4 Portionen

- 1 Stück Zwiebel
- 3 Zehen Knoblauch
- 1 Stück Ingwer, walnussgroß
- 30 g Butter
- 90 g Tomatenmark
- 400 g Kokosmilch Dose
- 3 EL Joghurt
- 1 EL Thai Curry Pulver
- 1/4 TL Currypaste grün
- 1 TL Kurkuma
- 1 EL Garam Masala
- 1 EL Salz
- etwas Chilipulver
- 500 g Hühnerbrustfilet, klein gewürfelt

ZUBEREITUNG

- Geviertelte Zwiebel, geschälten Ingwer und Knoblauch in den Mixtopf geben
- ca. 15 Sekunden/Stufe 5 zerkleinern.
- Mit dem Spatel nach unten schieben.
- Die Butter dazu geben und 3 Minuten/Varoma/Stufe1 dünsten
- Tomatenmark, Joghurt, Kokosmilch auch in den Mixtopf geben
- 15 Minuten/100°C/Stufe 2 mit offenen Deckel aber mit Spritzschutz reduzieren lassen.
- Die Gewürze hinzugeben und 3 Minuten/Varoma/Stufe 1 weiterreduzieren lassen.
- Die mundgerecht geschnittenen Hähnchenstücke in den Mixtopf geben

- 30 Minuten/100°C/Linkslauf/Sanftrührstufe mit aufgesetzten Mixbecher garen lassen.
- Mit Reis oder Naan servieren

Thailand

Phad Thai

ZUTATEN

6 Portionen

- 200 g Reisnudeln
- 1 Päckchen gewürzte Erdnüsse
- 2 Päckchen Tamarinden-Paste
- 3 EL Fischsauce,
- 2 EL brauner Zucker
- 4 TL Reisessig
- 1 Limette, Saft davon
- 2 Eier
- 4 Möhren, in dünne Scheibchen geschnitten
- 2 Knoblauch, geschält
- 10 Blätter Thai-Basilikum
- 1 Stück frischer Ingwer, walnuss groß
- 1 rote Chili-Schote, entkernt
- 1 Bund Frühlingszwiebeln, in grobe Ringe geschnitten
- 4 EL Erdnussöl
- 350 g Hähnchenbrust, in kleine Streifen geschnitten
- 100 g ungesüßte Kokosmilch
- 100 g frische Sojasprossen
- Salz

ZUBEREITUNG

- Nudeln in eine Schüssel füllen und mit dem kochendem Wasser überschütten.
- Zugedeckt 10 Minuten quellen lassen.
- Sprossen säubern.
- Erdnüsse in den Mixtopf geben und 6 Sekunden/Stufe 5 hacken, umfüllen.
  Für die Würzsauce:

- Tamarinden-Paste, Fischsauce, Zucker, Reisessig und Limettensaft in den Mixtopf geben
- 8 Sekunden/Stufe 3 vermischen, umfüllen.
- Eier in den Mixtopf geben und 3 Sekunden/Stufe 4, umfüllen, spülen und trocknen.
  Phad Thai:
- Knoblauch, Ingwer, Thai-Basilikum, Chili, Möhrenscheiben und Frühlingszwiebeln in den Mixtopf
- 6 Sekunden/Stufe 5, mit dem Spatel nach unten schieben
- Öl hinzufügen.
- 3 Minuten/Varoma/Stufe 2 dünsten.
- Hühnchen-Filet und Kokosmilch hinzufügen
- 12 Minuten/Varoma/Linkslauf/Stufe 2 ohne Messbecher garen.
- Nudeln in der Zwischenzeit abgießen und warmhalten.
- Würzsauce in den Mixtopf 30 Sekunden/Varoma/Linkslauf/Stufe 3 aufkochen und mischen.
- Abschmecken mit Salz.
- Alles schnell über die warmen Nudeln geben.
- Geschlagene Eier ebenfalls zügig drüber gießen und schnell verrühren.
- Sprossen, Koriander, und Erdnüsse drüber geben und sofort servieren.

Gemüsecurry

ZUTATEN

4 Portionen
Reis und Gemüse:

- 250 g Thai JasMinuten Reis
- 700 g Gemüse, z.B. Blumenkohl, Karotten, Paprika, Zuckerschoten, Brokkoli
- 1,2 l Wasser
- 150 g Cashewnüsse, trocken in einer Pfanne geröstet
- Nach Geschmack ca. 500 g Hähnchen - oder Putenfleisch, in Würfel geschnitten und in Sojasoße mariniert

Soße:

- 1 EL Kokosöl
- 1 Dose Kokosmilch, 400ml
- 1 TL Chiliflocken
- 2 Zehen Knoblauch
- 1 EL Currypulver
- 5 EL Sojasoße
- 1 EL Gemüsebrühe

ZUBEREITUNG

Reis und Gemüse

- Reis ins Garkörbchen einwiegen und kurz unter fließendem Wasser abspülen.
- Wasser in den TM geben, Garkörbchen mit Reis einsetzen, Deckel drauf, Varoma aufsetzen.
- Gemüse waschen und in mundgerechte Stücke schneiden.
- Gemüse in den Varoma geben, Deckel draufsetzen.
- Fleisch auf den Einlegeboden (Backpapier verhindert, dass Eiweiß auf das Gemüse tropft).
- 20 Minuten / Varoma / Stufe 1 garen.
- Anschließend Reis in eine Schüssel umfüllen.

- Gemüse mit Cashewkerne in eine separate Schüssel leeren.
- Mixtopf leeren.

Soße

- Knoblauch 5 Sekunden / Stufe 8 zerkleinern, mit Spatel nach unten schieben.
- Chiliflocken und Kokosöl zugeben und 90 Sekunden / 100°C / Stufe 1 erhitzen.
- Kokosmilch, Currypulver, Sojasoße und Brühenpulver zugeben
- Bei Stufe 2 bis 95°C erwärmen- ca. 4 Minuten.
- Nun die Soße über das Gemüse und die Cashewnüsse geben und mit Reis servieren.

Papayasalat

ZUTATEN

6 Portionen
Dressing

- 2 Stück Chilis rot
- 2 Stücke Knoblauchzehen
- 2 EL Sojasoße
- 2 EL Fischsoße
- 1 TL brauner Zucker
- 2 EL Limettensaft
- 1 EL Anchovysoße

Gemüse

- 2 EL geröstete Erdnüsse
- 200 g grüne Papaya
- 2 Stück Meterbohne
- 8 Stück Cherry Tomaten

ZUBEREITUNG

- Erdnüsse im Mixtopf grob hacken bei Stufe 5 für 2 Sekunden
- Umfüllen.
- Chilis und Knoblauch im Mixtopf bei Stufe 7 für 3 Sekunden hacken.
- Restliche Soßenzutaten zugeben und bei Stufe 5 für 5 Sekunden mixen.
- Umfüllen.
- Papaya in groben Stücke in den Mixtopf geben.
- Bei Stufe 5 für 3 Sekunden zerkleinern.
- Cherrytomaten halbieren, Bohnen in ca. 2 cm lange Stücke schneiden.
- Alle Zutaten bis auf die Erdnüsse gut vermischen und auf einer Platte anrichten.
- Mit gehackten Erdnüssen bestreuen.

Tom Kha Gai

ZUTATEN

4 Portionen

- 4 cm Ingwer
- 1 rote Chilischote
- 1 Stängel Zitronengras
- 3 Spritzer Limettensaft
- 1 gestrichene Teelöffel Currypaste, scharf
- 400 g ungesüßte Kokosmilch, (1 Dose)
- 700 g Hühnerbrühe
- 400 g Hühnerbrustfilet
- 1 Möhre
- 200 g frische Champions
- 100 g Cocktailtomaten
- 100 g Bambussprossen
- 2 EL Sojasauce
- 1 gestr. TL Korianderpulver

ZUBEREITUNG

- Ingwer schälen und Chilischote entkernen, beides in den Mixtopf und 5 Sekunden/Stufe 5 zerkleinern.
- Mit dem Spatel nach unten schieben.
- Zitronengras waschen, dritteln und im Mörser oder mit einem schweren Messergriff etwas zerquetschen
- Anschließend in den Mixtopf geben.
- Limettensaft, Currypaste, Kokosmilch und Hühnerbrühe hinzufügen
- Alles 10 Minuten/100 ° C/Stufe 1 aufkochen.
- Hühnerbrust waschen, trockentupfen und in 2 cm große Würfel schneiden.
- Anschließend zu den anderen Zutaten in den Mixtopf geben
- Weitere 10 Minuten/100°C/Stufe 1 garen.

- Karotte waschen und in Scheiben schneiden, Champignons putzen und vierteln und beides mit den Bambussprossen in den Mixtopf geben
- Weitere 5 Minuten/ 100°C/Stufe1 garen.
- Tomaten waschen und halbieren und mit der Sojasauce und dem Koriander weitere 5 Minuten/100°C/Stufe 1 garen.
- Zitronengras vor dem Servieren aus der Suppe nehmen (nicht zum Essen geeignet)

Fisch Curry

ZUTATEN

Varoma

- 250 g Lachs
- 3 Stück Karotten in Scheiben
- 1 Stücke Zwiebel in Stücke
- 150 g Broccoli-Röschen
- 220 g Basmati Reis

Soße

- 20 g Öl
- 1 EL rote Currypaste
- 1 Zehe Knoblauch
- 150 g Wasser
- 400 g Kokosmilch
- 1 TL Gemüsebrühe
- 2 gestrichener TL gemahlenes Zitronengras
- 1 Spritzer Zitronensaft

ZUBEREITUNG

Varoma

- Karotten in Scheiben, Broccoli Röschen und Zwiebelstücke in den Varoma.
- Lachs in Würfel geschnitten auf den Einlegeboden legen.
- Reis mit Wasser befeuchten.
- Öl, Currypaste mit Knoblauch im Öl --- 2 Minuten / 100 °C / Stufe 2
- Kokosmilch, Wasser, und die Gewürze in den Mixtopf.
- Garkörbchen mit Reis in den Mixtopf.
- 25 Minuten/ Varoma/ Stufe 2 garen.
- Reis warm stellen.
- Das Gemüse mit dem Fisch in eine Schüssel und mit der Soße vermengen.

Sticky Rice mit Mango

ZUTATEN

2 Portionen

- 250 g Klebereis
- 1 Liter Wasser
- 125 g Kokosmilch
- 3 EL Zucker
- 1 TL Salz
- Mango

ZUBEREITUNG

- Den Reis waschen und über Nacht in Wasser einweichen.
- Reis in den Varoma geben und Mixtopf mit Wasser füllen
- Varoma aufsetzen und für 30 Minuten/Varoma/Stufe 1 garen
- In einem Topf die Kokosmilch mit Zucker und Salz erwärmen- nicht kochen.
- Reis aus dem Varoma in den Topf geben und kurz vermengen.
- Mango dazuschneiden

Thai Curry mit Brokkoli

ZUTATEN

4 Portionen

- 300 g Reis
- 700 g Brokkoli Röschen, (2 Köpfe)
- 800 g Wasser
- 1 EL Rapsöl
- 3 Stück Putenschnitzel, in Stücken
- 2 Knoblauchzehen, halbiert
- 1 geh. EL Currypulver, mild
- 1 Packung Suppengrün
- 1 Dose Kokosnussmilch (400ml)
- 1 EL Gemüsebrühe
- 1 Prise Curry
- 5 EL Sojasoße
- Salz, Pfeffer, Zitronensaft

ZUBEREITUNG

- Reis ins Garkörbchen einwiegen
- Unter fließendem Wasser abspülen.
- Wasser in den Mixtopf geben.
- Garkörbchen mit Reis einsetzen, Deckel und Varoma aufsetzen.
- Gemüse waschen und in mundgerechte Stücke schneiden.
- Gemüse in den Varoma geben, Deckel draufsetzen.
- 20 Minuten / Varoma / Stufe 1 garen
- Zeitgleich: Rapsöl in der Pfanne leicht erhitzen, die Putenschnitzel-Stücke darin gut anbraten
- Eine halbierte Knoblauchzehe, das Suppengrün und das milde Currypulver dazugeben und kurz mitbraten.
- Mit Kokosnussmilch ablöschen. Abgedeckt köcheln lassen bis der TM fertig ist.

- Garflüssigkeit vom Mixtopf, Gemüsebrühe, evtl. scharfes Currypulver und Sojasoße zugeben
- Kurz aufkochen lassen, mit Salz, Pfeffer und Zitronensaft abschmecken.
- Gedünstetes Gemüse zu Soße und Fleisch geben, vermengen und servieren. Dazu den Reis reichen.

Curry Kürbissuppe

ZUTATEN

4 Personen

- 1 Zwiebel
- 1 Stück frischen Ingwer, (geschält)
- 2 EL Öl
- 1 EL Rote Thai Curry Paste
- 2 Knoblauchzehen
- Gemüsebrühe (750ml)
- 1000 g Butternuss Kürbis
- Kokosnussmilch (125ml)

ZUBEREITUNG

- Zwiebel, Knoblauch und Ingwer in den Mixtopf geben
- 3 Sekunden / Stufe 8 zerkleinern.
- 2 EL Öl sowie Curry Paste hinzufügen
- 4 Minuten / 100 °C / Stufe 1 anschwitzen.
- Kürbis sowie Brühe hinzugeben.
- 35 Minuten / 100 °C / Stufe 1 köcheln lassen.
- Suppe auf Stufe 10 fein pürieren, auf Tellern verteilen, Kokosmilch hinzugeben und sofort servieren

Italien

Tomatensoße für Pizza

ZUTATEN

- 500 g Tomaten
- 1 EL Olivenöl
- 2 TL italienische Gewürze
- Salz und Pfeffer

ZUBEREITUNG

- Tomaten waschen, abtrocknen und in den Mixtopf geben
- 10 Sekunden/ Stufe 2 zerkleinern
- Öl und Gewürze zugeben
- 5 Minuten/ 100 °C/ Linkslauf/ Stufe 2 zum Kochen bringen
- 30 Minuten/ 80 °C/ Linkslauf/ Stufe 2 ohne Messbecher einkochen lassen
- 30 Sekunden/ Stufe 5 pürieren
- Mit Salz und Pfeffer abschmecken

Italienische Aioli

ZUTATEN

1 Glas

- 2 Stück Eier
- 1 Teelöffel Senf
- 5 Zehen Knoblauch
- Salz
- Pfeffer
- 400ml Rapsöl/Distelöl

ZUBEREITUNG

- Knoblauch in den Mixtopfund 6 Sekunden/Stufe 5 zerkleinern.
- Mit Spatel runterschieben.
- Eier, Senf, Salz & Pfeffer in den Mixtopf zugeben.
- 6 Sekunden/ Stufe 5 vermengen.
- Inhalt mit dem Spatel runterschieben.
- Ca. 5 Minuten/ Stufe 4 vermischen.
- Zeitgleich durch die Öffnung das Öl zugießen, solange, bis die Aioli die richtige Konsistenz (cremig) erreicht.
- Über Nacht ziehen lassen.

Italienischer Nudelsalat

ZUTATEN

1 Portion

- 500 g Nudeln
- 50 g Pinienkerne
- 10 Stück Kleine Cocktailtomaten
- 1 Packung getrocknete Tomaten
- 120 g Parmesankäse
- Salz
- Pfeffer
- Olivenöl

ZUBEREITUNG

- Nudeln nach Anleitung kochen.
- Olivenöl - ca. 2 EL hinzufügen
- Getrocknete Tomaten und Cocktailtomaten im Mixtopf und zerkleinern.
- Pinienkerne hinzufügen.
- Parmesan auf Stufe 4 ca. 20 Sekunden zerkleinern
- Alles durchmischen & mit Salz und Pfeffer abschmecken.

Italienisches Fruchteis

ZUTATEN

- 60 g Zucker
- 300 g gefrorene Früchte
- 100 g Sahne

ZUBEREITUNG

- Zucker im Mixtopf 10 Sekunden / Stufe 10 pulverisieren.
- Früchte zugeben und ebenfalls 10 Sekunden / Stufe 8 zerkleinern
- Sahne zufügen und 20 Sekunden / Stufe 5 mischen
- Eis direkt genießen

Tomatensalat

ZUTATEN

2 Portionen

- 5 Stück Tomaten
- 1 Stück Zwiebel, mittelgroß
- 2 EL Olivenöl
- 2 EL Balsamico
- 2 EL Wasser
- 1 Teelöffel Basilikum, frisch, gehäckselt
- 1 Spritzer Zitronensaft
- Salz, Pfeffer,

ZUBEREITUNG

- Tomaten waschen, vierteln, dann halbieren und in eine Schüssel geben.
- Die Zwiebel schälen und halbieren.
- 5 Sekunden / Stufe 5 zerkleinern.
- Olivenöl, Balsamico, Wasser und das klein gehackten Basilikum 8 Sekunden / Stufe 2 untermengen.
- Dressing mit einem Spritzer Zitrone und mit Salz und Pfeffer abschmecken.
- 5 Sekunden / Stufe 2 vermischen.
- Die Mischung über die Tomaten geben und unterheben.

Pizzateig

ZUTATEN

- 250 g Wasser
- 10 g Hefe
- 500 g Mehl
- 1 Prise Salz
- 3 EL Olivenöl

ZUBEREITUNG

- Das Wasser in den Mixtopf geben, dazu in Stücken die Hefe hinein geben.
- 2 Minuten 37° / Stufe 2 verrühren.
- Das Mehl, Salz und Olivenöl in den Mixtopf geben.
- 10 Minuten auf Teigstufe kneten.
- In eine Schüssel umfüllen und abgedeckt mindestens 2 Stunden gehen lassen.

Lasagne

ZUTATEN

4 Portionen
Bolognese

- 400 g Rinderhackfleisch
- 2 Stück Möhren
- 1 Stängel Staudensellerie
- 1 Stück Zwiebel
- 2 Stück Knoblauchzehen
- 0,1 Liter Gemüsebrühe
- 1 Dose Tomaten, gehackt 400g
- 1 Packung Tomaten, passiert
- 1 EL Paprikapulver
- 1 EL Oregano, getr.
- 2 TL Majoran getr.
- Salz
- Pfeffer

Béchamelsauce

- 1 EL Margarine vegan
- 1 EL Speisestärke
- 0,3 Liter Milch
- Salz
- Pfeffer
- Muskatnuss, gerieben

Außerdem

- 300 g Lasagneplatten
- 100 g Ziegenkäse
- 1 Auflaufform groß

ZUBEREITUNG

Bolognese

- Die Zwiebel und die Knoblauchzehen schälen, den Stangensellerie und die Möhren waschen
- Im Mixtopf: 5 Sekunden / Stufe 5.

- Mit dem Spatel nach unten schieben und wiederholen.
- Olivenöl und Hackfleisch dazugeben.
- 10 Minuten / 100°C / Linkslauf / Stufe 2 anbraten.
- Mit Gemüsebrühe ablöschen.
- Tomatenstücke und die passierten Tomaten zugeben
- 10 Minuten / 100°C / Linkslauf / Stufe 2 garen.
- Mit den Kräutern, Paprika, Salz und Pfeffer kräftig würzen
- 20 Minuten / 100°C / Linkslauf / Stufe 2 garen.

Béchamelsauce

- Milch, Margarine, Speisestärke, Salz, Pfeffer und Muskatnuss in den Mixtopf
- 12 Minuten / 100°C / Stufe 3 garen.

In die Auflaufform schichten

- Auf den Boden einer Auflaufform eine dünne Schicht Sauce Bolognese geben.
- Lasagneplatten darauf verteilen.
- Eine Schicht Fleischsauce und dann Béchamelsauce darauf geben.
- Je nach Größe der Auflaufform weitere Bolognese-, Béchamelsauce und Lasagneplatten schichten.
- Auf der obersten Plattenschicht die restliche Béchamelsauce verteilen.
- Darauf den geriebenen Käse geben.
- Im vorgeheizten Backofen 40 Minuten backen, bis die Lasagne Blasen wirft und goldbraun gebacken
- Dabei Angabe auf der Packung der Lasagneblätter beachten.

Spaghetti Carbonara

ZUTATEN

4 Portionen

- 30 g Öl
- 150 g Speckwürfel, mager
- 200 g Sahne
- 4 Stück Eigelb
- 100 g Parmesan, gerieben
- 25 g Pecorino, gerieben
- Pfeffer
- wenig Salz
- 500 g Spaghetti

ZUBEREITUNG

- Spaghetti im Kochtopf auf dem Herd kochen.
- Zeitgleich die Soße herstellen:
- Dazu das Öl und die Speckwürfel in den Mixtopf geben.
- 5 Minuten / Stufe 1 / Varoma dünsten.
- Über die Öffnung pfeffern und salzen.
- Danach die restlichen Zutaten in den Mixtopf.
- Dazu 2 EL vom Salzwasser der Spaghettis
- 5 Minuten / 65°C / Stufe 1.
- Zuletzt 1 Minute / Varoma / Stufe 1.

Spaghetti Bolognese

ZUTATEN

4 Personen

- 100 g Parmesan, in groben Stücken
- 1 Möhre
- 1 große Zwiebel
- 2 Stängel Staudensellerie
- 3 Knoblauchzehen
- 3 EL Olivenöl
- 500 g Hackfleisch gemischt
- 3 EL Olivenöl
- 250 g trockener Rotwein
- 1 Teelöffel Rosmarin
- 1 geh. TL Salz
- 1/2 Teelöffel Pfeffer
- 1 Prise Cayennepfeffer
- 1 Prise Muskat
- 1 Gewürznelke
- 1 Lorbeerblatt
- 1000 g Tomatensaft
- 3 geh. EL gehackten frischen Basilikum
- 500 g Spaghetti

ZUBEREITUNG

- Parmesan in den Mixtopf geben.
- 5 Sekunden / Stufe 8 mahlen, umfüllen.
- Möhre, Zwiebel, Sellerie und Knoblauch in den Mixtopf geben.
- 5 Sekunden / Stufe 7 hacken, mit dem Spatel nach unten schieben.
- 3 EL Olivenöl dazu geben.
- Mixtopf 100°C / 4 Minuten / Stufe 1, danach umfüllen.
- 3 Essl Olivenöl und Hackfleisch in den Mixtopf.
- Linkslauf / Sanftrührstufe / 100°C / 5 Minuten.

- Alle restlichen Zutaten bis auf Basilikum und Gemüse dazugeben.
- Linkslauf / Sanftrührstufe / Varoma / 25 Minuten mit Messbecher.
- Dann Basilikum und Gemüse dazugeben.
- Linkslauf / Sanftrührstufe / Varoma / 20 Minuten ohne Messbecher.
- ein Tuch als Spritzschutz über die Öffnung legen
- In der Zwischenzeit die Spaghetti nach Packungsanweisung kochen.
- Die Gewürznelke und das Lorbeerblatt aus der Soße entfernen.
- Spaghetti mit Soße und dem geriebenen Parmesan servieren.

Mittlerer Osten

Hummus

ZUTATEN

12 Portionen

- 250 g Kichererbsen, getrocknet
- 2300 g Wasser
- 80 g Olivenöl
- 4 Knoblauchzehen
- 2 TL Salz
- 1 TL Zucker
- 200 g Tahin
- 60 g Zitronensaft
- 3 TL Kreuzkümmel, gemahlen
- Chiliflocken
- Sumak

ZUBEREITUNG

- Eine Schüssel (1,5 l Inhalt) mit 1000 g Wasser und den Kichererbsen füllen.
- Für mindestens 12 Stunden einweichen lassen.
- Kichererbsen in den Gareinsatz abgießen und unter kaltem Wasser abspülen.
- 1300 g Wasser und 10 g Olivenöl in den Mixtopf geben.
- Gareinsatzmit den eingeweichten Kichererbsen einhängen.
- 45 Minuten / 98°C / Stufe 1.5 garen.
- Gareinsatz mit dem Spatel entnehmen. Mixtopf leeren und Garflüssigkeit auffangen.
- Gegarte Kichererbsen, Knoblauch, Salz, Zucker, Tahin, Zitronensaft, 250 g Garflüssigkeit, 70 g Olivenöl und Kreuzkümmel in den Mixtopfgeben.
- Mithilfe des Spatels 1 Minute / Stufe 6 pürieren.

- Humus mit Salz und Zitronensaft abschmecken, in eine Schüssel umfüllen und abkühlen lassen.
- Vor dem Servieren mit Olivenölbeträufeln, mit Chiliflocken und Sumak bestreuen und z. B. zu Fladenbrot servieren.

Gefüllte Datteln

ZUTATEN

10 Portionen

- 32 Stück getrocknete Datteln
- 30 g Mandeln
- 50 g Feta
- 1 Esslöffel Honig
- Margarine

ZUBEREITUNG

- Mandeln 10 Sekunden / Stufe 8 mahlen.
- Honig und Feta dazugeben 10 Sekunden / Stufe. 4 verrühren.
- Datteln längst aufscheiden und mit der Creme füllen.
- In eine Auflaufform legen, mit kleinen Margarineflöckchen belegen.
- 20 Minuten in den vorgeheizten Backofen bei 160°C.

Türkische Linsensuppe

ZUTATEN

4 Portionen

- 3 Stück Schalotten
- 1 Knoblauchzehe
- 1 EL Olivenöl
- 100 g rote Linsen
- 1 TL Kreuzkümmel, ganz
- 100 g Weißwein
- 1 Dose geschälte Tomaten
- 200 g Geflügelfond
- 1 getrocknete Chilischote
- Salz, Pfeffer nach Geschmack
- Saft einer 1/2 Zitrone
- 50 g Olivenöl
- 100 g türkischer Joghurt

ZUBEREITUNG

- Geschälte halbierte Schalotten und Knoblauch in den Mixtopf geben.
- 5 Sekunden / Stufe 5 zerkleinern.
- 1 EL Olivenöl zugeben.
- 3 Minuten / 100 °C / Stufe 1 anschwitzen.
- Rote Linsen waschen und mit den restlichen Zutaten (außer dem Olivenöl, Joghurt und Zitronensaft) in den Mixtopf geben.
- 25 Minuten / 100 °C / Stufe 1 kochen.
- Olivenöl und 3/4 des Zitronensafts zufügen.
- 15 Sekunden/ Stufe 10 pürieren.
- Abschmecken.
- Den Joghurt leicht mit Salz und dem restlichen Zitronensaft abschmecken.
- Beim Anrichten über die Suppe geben.

Türkische Obazda

ZUTATEN

- 1 Knoblauchzehe
- 1/2 Zwiebel
- etwas Petersilie
- 100 g Fetakäse, in Stücken
- 50 g Ajvar
- 200 g Frischkäse

ZUBEREITUNG

- Knoblauch und Zwiebel in den Mixtopf geben.
- 4 Sekunden / Stufe 5 zerkleinern.
- Zwiebel mit dem Spatel nach unten schieben.
- Fetakäse und Petersilie zugeben.
- 5 Sekunden / Stufe 4 zerkleinern.
- Ajvar und Frischkäse zugeben.
- 10 Sekunden / Stufe3 verrühren.

Paprika Dip

ZUTATEN

6 Portionen

- 200 g Feta
- 100 g Frischkäse
- 2 Knoblauchzehen, gepresst
- 1/2 rote Paprikaschote, grob gewürfelt
- 2 TL getr. Kräuter-Mix
- 1/4 TL getr. Rosmarin
- 1 TL Pfeffer
- Salz, zum Abschmecken

ZUBEREITUNG

- Alle Zutaten in den Mixtopf geben
- 4 Sekunden / Stufe 7 vermischen.

Lahmacun

ZUTATEN

10 Stück

Teig

- 20 g Hefe
- 350 g Ayran
- 1 EL Zucker
- 500 g Mehl

Belag

- 2 Stück Knoblauchzehen frisch
- 2 Stück Zwiebel
- 2 Stück rote Spitzpaprika
- 3 Stück Tomaten
- 1 Bund Petersilie
- 3 EL Tomatenmark
- 150 g Ayran
- 1 EL Kümmel
- 250 g Hackfleisch

ZUBEREITUNG

Teig

- Hefe, 350 g. Ayran, Zucker in den Mixtopf geben.
- 3 Minuten /37°C / Stufe 1 rühren.
- Mehl dazugeben.
- 2 Minuten / Teigstufe zu einem Teig verarbeiten.
- In eine Schüssel umfüllen, 45 Minuten gehen lassen.

Belag

- Knoblauch und Zwiebel in den Mixtopf geben.
- 3 Sekunden / Stufe 5 hacken.
- Paprika, Tomaten, Petersilie dazu geben.
- 5 Sekunden / Stufe 5 hacken.
- Tomatenmark, 150 g Ayran, Kümmel, Hackfleisch dazugeben.
- 3 Sekunden / Stufe 3 mischen.

Fertigstellen

- Den Teig in 10 Teile teilen und hauch dünn ausrollen.
- Die Fladen auf Backpapier legen und mit der Hackmasse bestreichen.
- Dann etwa 10 Minuten / 180°C Umluft backen.

Fladenbrot

ZUTATEN

1 Stück

- 200 g Dinkelmehl
- 400 g Weizenmehl Typ 550
- 400 g Wasser
- 1 Würfel frische Hefe
- 1 TL Zucker
- 2 TL Salz
- 2 EL Schwarzkümmelsamen
- 2 EL Olivenöl zum bestreichen

ZUBEREITUNG

- Wasser, Hefe und Zucker in den Mixtopf geben.
- 2 Minuten / 37 °C / Stufe 2 erwärmen.
- Dinkelmehl, Weizenmehl und Salz zugeben.
- 2 Minuten / Teigstufe verarbeiten.
- Ein Backblech mit Backpapier auslegen
- Den Teig darauf in Form bringen.
- Mit Schwarzkümmelsamen bestreuen.
- Das Backblech in den Backofen geben.
- Das Fladenbrot für 20 Minuten auf 50 °C / Ober-Unterhitze backen.
- Danach auf 200 °C / Ober- Unterhitze hochstellen
- Das Fladenbrot 30 Minuten backen lassen.
- Nach dem Backen das noch warme Fladenbrot mit dem Olivenöl bestreichen.

Alle Angaben und Informationen in diesem Buch wurden sorgfältig ausgearbeitet. Ich bin bemüht alle Inhalte ständig auf dem aktuellen Stand zu halten. Dennoch sind Fehler und Unklarheiten nicht ausgeschlossen, weshalb ich keine Garantie für Richtigkeit, Aktualität, Qualität und Vollständigkeit meiner Inhalte geben kann. Die Texte und Bilder sowie sämtliche Illustrationen sind urheberrechtlich geschützt. Jegliche Veröffentlichung, ob gänzlich oder zu teil, ist streng untersagt und bedarf der ausdrücklichen Genehmigung des Herausgebers. Ein Verstoß hat rechtliche Konsequenzen. Weder der Herausgeber noch die Autorin übernehmen Haftung für Schäden an Personen oder Küchengeräten. Impressum: Johanna Sommer, Erste Auflage Oktober 2016, Copyright © 2016 Johanna Sommer. Alle Rechte vorbehalten. Der Nachdruck, auch in Auszügen, ist nur mit schriftlicher Genehmigung der Autorin zulässig. Personen und Handlung sind frei erfunden. Ähnlichkeiten mit real existierenden Personen sind rein zufällig und nicht beabsichtigt.